BEI GRIN MACHT SICH IHR WISSEN BEZAHLT

- Wir veröffentlichen Ihre Hausarbeit, Bachelor- und Masterarbeit

- Ihr eigenes eBook und Buch - weltweit in allen wichtigen Shops

- Verdienen Sie an jedem Verkauf

Jetzt bei www.GRIN.com hochladen und kostenlos publizieren

Bibliografische Information der Deutschen Nationalbibliothek:

Die Deutsche Bibliothek verzeichnet diese Publikation in der Deutschen National-
bibliografie; detaillierte bibliografische Daten sind im Internet über http://dnb.d-
nb.de/ abrufbar.

Impressum:

Copyright © 2005 GRIN Verlag, Open Publishing GmbH
Druck und Bindung: Books on Demand GmbH, Norderstedt Germany
ISBN: 978-3-668-13954-1

Dieses Buch bei GRIN:

http://www.grin.com/de/e-book/282558/instrumente-zur-erhoehung-der-kunden-
zufriedenheit-und-bindung

Doreen Grittner

Instrumente zur Erhöhung der Kundenzufriedenheit und -bindung

GRIN Verlag

Instrumente zur Erhöhung der Kundenzufriedenheit und -bindung

Doreen Grittner

Inhaltsverzeichnis

1. Einleitung

In dieser Arbeit geht es um Instrumente, die die Kundenzufriedenheit bzw. die Kundenbindung erhöhen. Ein Teilabschnitt befasst sich mit der Servicequalität und der letzte Punkt zeigt kurz ein Praxisbeispiel von der CallCompany Telekommunikationsdienste GmbH, wie diese mit Kundenorientierung, Kundenzufriedenheit und Kundenbindung in ihrem Unternehmen umgeht.

2. Kundenbindungsinstrumente

Ein wichtiger Bestandteil der Marketingpolitik zur Erreichung einer hervorragenden Kundenzufriedenheit und einer erfolgreichen Kundenbindung ist der konsequent durchdachte Einsatz von Kundenbindungsinstrumenten. „Ansatzpunkte zur Bindung von Kunden bieten dabei sämtliche Bereiche des Marketingmix" (Diller 1995). Damit sind Instrumente der Produkt-, Preis-, Kommunikations- und Vertriebspolitik gemeint. Der Mittelpunkt der Produktpolitik liegt besonders auf der „Verbesserung des Leistungsprogramms" oder der des Services. Kundenbindungsmaßnahmen wie „gemeinsame Produktentwicklung", personalisierte Angebote der Produkte, ein spezielles Design des Produktes oder die „Einführung von besonderen Qualitätsstandards" sind hier zu betrachten. Die Preispolitik bezieht sich auf die Erhöhung der „ökonomischen Barrieren für den Wechsel eines Kunden zum Wettbewerber". Mit dem Einsatz von preispolitischen Maßnahmen, wie zum Bsp. die Schaffung finanzieller Anreize, können Beziehungen zwischen Konsument und Betrieb aufrechterhalten werden. Kommunikationspolitische Maßnahmen haben das Ziel, dass Unternehmen mit dem Verbraucher in einem ständigen Kontakt stehen. Wichtige Kommunikationsformen sind u.a.: „Kundenforen, Beschwerdemanagement, Servicenummern, Events" oder auch die direkte Kommunikation mit dem Kunden. Zur Vertriebspolitik gehören das Internet, Abonnements, Katalogverkauf oder auch elektronische Bestellmöglichkeiten.[1] Damit Kundentreue erreicht werden kann und die einzelnen Maßnahmen wirkungsvoll sind, müssen sämtliche Kundenbindungsinstrumente optimiert und miteinander verbunden werden. Es kommt ebenso auf die Art des Einsatzes an. Am besten ist es die Kundenbindungsinstrumente planvoll, systematisch, schlüssig und miteinander kombiniert einzusetzen.[2] In den folgenden Punkten werden die einzelnen Kundenbindungsinstrumente des Marketingmix näher betrachtet.

2.1 Kommunikationspolitische Instrumente

Innerhalb des Kundenbindungsmanagements erfüllt die Kommunikationspolitik hauptsächlich zwei Ziele. Das erste Ziel verfolgt „den Aufbau eines kontinuierlichen Dialoges mit dem Kunden", damit die Kundenerwartungen vom Unternehmen positiv verändert oder stabilisiert werden können. Das zweite Ziel beschäftigt sich mit der Entgegenwirkung der „Verbreitung von kaufbeständigen Informationen" von denkbaren „Nachkaufdissonanzen". Wichtige kommunikationspolitische Kundenbindungsinstrumente sind u.a.: Direct Mail, Kundenzeitschriften, Kundenkarten, Kundenclubs, Telefonmarketing, Online Marketing und Event Marketing.[3]

2.1.1 Beispiel Kundenclub

Seit den letzten Jahren ist eine steigende Anzahl von neu gegründeten Kundenclub-Konzepten zu beobachten. Der Kundenclub kann als integrierter Strategieansatz betrachtet werden, der diverse Kundenbindungsmaßnahmen in einem ausführlichen Gesamtkonzept zusammenhält.[4]

Ein Kundenclub wird von einer Organisation initiiert, geplant und geleitet. Es können sowohl gewinnorientierte Unternehmen als auch Non-Profit-Organisationen einen Kundenclub betreiben. Er ist ein Marketinginstrument der primär Marketingziele und sekundär finanzielle Ziele erfüllt. Ein Kundenclub ist somit nicht zwingend gewinnorientiert. Er setzt aktives

---

[1] vgl. Bruhn, M. (2003): a.a.O., S. 117 – 118
[2] vgl. Internet: www.handwerk.com a.a.O., 18.07.2005
[3] vgl. Bruhn, M. (2003): a.a.O., S. 121
[4] vgl. Bruhn, M. (2003): a.a.O., S. 125

Handeln auf der Seite des potentiellen Mitglieds voraus, da nur sehr selten eine automatische Mitgliedschaft durch den Kauf eines Produktes entsteht, d.h. in der Regel muss der Verbraucher aktiv werden. Der Fokus eines Kundenclub kann, je nach Konzeption und Zielsetzung, auf einer oder auf mehreren Kundengruppen oder einzelnen Segmenten dieser Gruppe liegen. Er schließt sowohl bestehende als auch denkbare Verbraucher ein und das Ziel ist die Schaffung von andauernden und individuellen Dialogmöglichkeiten mit dem Konsumenten. Außerdem bietet dieser seinen Mitgliedern eine Zweckmäßigkeit, welcher über den Nutzen der von dem clubbetreibenden Unternehmen verkauften Produkte hinausgeht. Nichtmitgliedern steht der sog. Zusatznutzen nicht zu Verfügung.[5] Der Vorteil eines Kundenclubs ist, dass ein persönliches Verhältnis zum Kunden aufgebaut wird und dadurch bekommt der Konsument das Gefühl etwas Besonderes zu sein.[6]

2.1.2 Beispiel Kundenkarte

Neben dem Kundenclub hat in den letzten Jahren eine weite Verbreitung von Kundenkarten stattgefunden. Diese wird von Unternehmen oft in Form einer Plastikkarte unter eigenen Namen an den Verbraucher ausgegeben und dient wie ein Ausweis als Zugangsberechtigung für Serviceleistungen der Anbieterseite.[7] Durch die technische Integration der Kundenkarte für die Datenverarbeitung entsteht ein Kundenkartensystem[8] und es werden „grundlegende Voraussetzungen für ein datenbankgesteuertes Dialogmarketing geschaffen". Somit wird eine bestmögliche Planung und Steuerung des operativen Kundenbindungsmanagements gestattet. Damit die Kundenkarte erfolgreich eingesetzt werden kann, muss geprüft werden, ob der Betrieb eine hinreichend ausgedehnte Vertrauensbasis zur Ausgabe einer solchen Karte verfügt und ob überhaupt eine allgemeine Kartenakzeptanz im derzeitigen Kundenkreis vorhanden ist. Außerdem sollte

---

[5] vgl. Butscher (1998), S. 49ff und Holz/Tomczak (1996), S. 9

[6] vgl. Wienke, Wolfgang/Koke, Dorothee (1994): Cards & Clubs: Der Kundenclub als Dialogmarketinginstrument, Düsseldorf, Wien, New York, Moskau, S. 28

[7] vgl. Eckert, S. (1994): Rentabilitätssteigerung durch Kundenbindung am Bsp. eines Buchclubs, Diss., St. Gallen, S. 247

[8] vgl. Mohme, J. (1993): Der Einsatz von Kundenkarten im Einzelhandel, Frankfurt/Main, S. 22

zusätzlich zum Basisnutzen des Unternehmens ein Zusatznutzen der Kundenkarte gegeben werden.[9] Die Ausgabe von ihr erfolgt insbesondere dadurch, dass die Kreditkartenumsätze substituiert werden und die Kunden mit der Karte stärker an das Unternehmen gebunden werden.[10] Ein wichtiges Ziel sowohl der Kundenkarten als auch der Kundenclubs ist die Schaffung und Optimierung einer Kundendatenbank. Damit kann man die Konsumenten in unterschiedliche Kundengruppen zusammenfassen und individuell auf ihre Bedürfnisse eingehen. Dadurch wird auch der Streuverlust verringert.[11]

2.2 Preispolitische Instrumente

Auch der Preis kann als repräsentatives Marketinginstrument innerhalb des Kundenbindungsmanagements eingesetzt werden. Folgende preispolitische Mittel können einzeln sowie kombiniert eingesetzt werden: „Rabatt- und Bonussysteme, Verträge und Garantien oder die Preisdifferenzierungsstrategie". Die indirekten Kundenbindungsmaßnahmen, wie Rabatt- und Bonussysteme sind bei den Unternehmen sehr beliebt und somit häufig anzutreffen. „Rabattsysteme gewähren dem Kunden finanzielle Vergünstigungen" und Bonussysteme „bieten dem Kunden für das wiederholte Zeigen gewünschter Verhaltensweisen gegenüber dem Unternehmen einen Bonus in Form von Naturalrabatten". Das Ziel dieser Systeme ist die Besserstellung von treuen Dauerkunden gegenüber Konsumenten, die nur selten bei dem jeweiligen Betrieb ein Produkt bzw. eine Dienstleistung erwerben. Somit sollen wirtschaftliche Hindernisse gegen einen möglichen Wechsel hergestellt werden. Garantien und Verträge sind direkte Kundenbindungsmaßnahmen, die oft langfristig und bindend sind. Meist erfolgt als Ausgleich zur dauerhaften Verbindlichkeit eine Minderung des Preises oder Mengenrabatte.[12] Die Preisdifferenzierung verfolgt das Bedürfnis ungleicher Preishöhen „für die gleiche materielle oder immaterielle Leistung eines Anbieters, die nach räumlichen, zeitlichen, abnehmer-

---

[9] vgl. Bruhn, M. (2003): a.a.O., S. 123 – 124
[10] vgl. Poggenpohl, M. (1991): Kundenkarteninformationen als Instrument der Verbundanalyse im Einzelhandel, Arbeitspapier Nr. 40, Münster, S. 10
[11] vgl. Donnelly, H. (1994): Jumping into Database Marketing, in: Stores, December 1994, S. 37
[12] vgl. Bruhn, M. (2003): a.a.O., S. 129 – 130

orientierten, leistungsbezogenen oder quantitativen Kriterien erfolgen kann". Wichtig ist bei den preispolitischen Mitteln, dass die erzeugte Kundenbindung nur so lange aufrechterhalten werden kann, wie der preispolitische Anreiz bestehen bleibt. Einen dauerhaften Wettbewerbsvorteil durch mögliche Differenzierungen ist aufgrund des Angebotes der ökonomischen Kundenbindung nicht denkbar. Trotzdem sind die Instrumente der Preispolitik geeignet, um eine Verringerung der Wechselbereitschaft von Konsumenten herzustellen.[13]

2.3 Leistungspolitische Instrumente

Kundenbindungsinstrumente der Leistungspolitik werden eingesetzt, um das Angebot eines Unternehmens nach den Kundenwünschen auszurichten und um die Kundenzufriedenheit ansteigen zu lassen, da eine Kundenbindung erst auf der Grundlage einer erheblichen Kundenzufriedenheit entstehen kann. Es wird in vielen Betrieben das sog. Qualitätsmanagement eingesetzt, aber durch die zunehmende Produktvielfalt und Ununterscheidbarkeit von Produktqualitäten muss „in mindestens einer Zufriedenheitsdimension" ein dauerhafter Wettbewerbsvorteil erzielt werden. Abgesehen von dem Qualitätsmanagement kommt es in diesem Bereich auch auf das Servicemanagement an, das „alle produkt- und personenbezogenen Serviceleistungen" beinhaltet.

2.4 Vertriebspolitische Instrumente

Um Kundenzufriedenheit und Kundenbindung zu erreichen, kann „ein aktives Management des Vertriebssystems hilfreich sein". Man unterscheidet dabei handelsgerichtete und konsumentenbezogene Kundenbindungsmaßnahmen. Die handelsbezogene Vertriebspolitik spezialisiert sich besonders auf die „Bewertung der Handelspartner" und auf das „Angebot von händlergerichteten Unterstützungsprogrammen". Wichtig ist hierbei, welche Maßnahmen ergriffen werden können, „um die Bereitschaft des Handels zur Umsetzung von Kundenbindungsmaßnahmen zu erhöhen". Die konsumentenbezogene Vertriebspolitik bezieht sich auf den Zusammenhang

---

[13] Bruhn, M. (2003): a.a.O., S. 133 ff

der derzeitigen Verbraucher und beschäftigt sich mit der Problemstellung, welche Bestimmungen die Kundenbindung rege unterstützen können. Eine starke kundenbindende Wirkung kann die „Vergabe von Alleinvertriebsrechten" oder auch ein „Online-Vertrieb" erzielen. Dieser basiert auf eine fixe und komplikationslose Bestellung von Leistungen oder Produkten.[14]

3.   Integriertes Kundenbindungsmanagement

Das Konstrukt Kundenbindung sollte nicht nur eine reine Ergebnisbetrachtung beinhalten, sondern auch eine aktive Betrachtungsweise. Somit sollte der Fokus eines Unternehmens darauf gerichtet sein, die Qualität der Beziehung zum Kunden unter Berücksichtigung seiner Unternehmensziele möglichst optimal zu gestalten, und zwar im Sinne eines Kundenbindungsmanagements.[15] Das Integrierte Kundenbindungsmanagement ist ein Koordinationsprozess, „der darauf ausgerichtet ist, aus den einzelnen, isolierten kommunikations-, preis-, leistungs- und vertriebsbezogenen Maßnahmen der Kundenbindung eine Einheit herzustellen, die in der Lage ist, den Kunden in verschiedenen Situationen seiner Geschäftsbeziehung an das Unternehmen zu binden."[16] Damit dient das Kundenbindungsmanagement dem Zweck, „loyale Kundenpotenziale aufzubauen und zu festigen".[17]

Die denkbaren verschiedenen Varianten der Integration dieses Managements lauten: die instrumentell, inhaltliche, funktionale, vertikale und die formale Integration. Die instrumentelle Integration hat das Ziel, die „einzelnen (produkt-, preis-, kommunikations- und distributionspolitischen) Instrumente" miteinander zu verbinden. Die inhaltliche Integration hat das Ziel, „die einzelnen Maßnahmen der Kundenbindung thematisch aufeinander abzustimmen" und dadurch ein schlüssiges Konzept anzufertigen. Die funktionale Integration befasst sich mit der Zielsetzung,

---

[14] Bruhn, M. (2003): a.a.O., S. 135 – 137
[15] vgl. Meyer, A./Oevermann, D. (1995): Kundenbindung, in: Diller, H. (1995): Handwörterbuch des Marketing, Stuttgart, S. 1344
[16] Bruhn, M. (2003): a.a.O., S. 139
[17] vgl. Müller, W./Riesenbeck, H.J. (1991): Wie aus zufriedenen Kunden auch anhängliche Kunden werden, in: HARVARDmanager (1991), Nr. 3, S. 68

„ob eine bestimmte Funktionserfüllung für best. Zielgruppen ein besonders hohen Bindungsanreiz aufweist". Die vertikale Integration fügt die verschiedenen Kundenbindungsinstrumente auf den unterschiedlichen Marktstufen zusammen, primär die des „Herstellers und des Absatzmittlers". Die formale Integration wirkt vordergründig im Bereich der Kommunikationspolitik und sie befasst sich damit, die Kundenbindungsinstrumente in ihrer äußerlichen Gestalt aufeinander anzugleichen. Es geht u.a. darum, die Gestaltungsmerkmale zu vereinheitlichen, wie zum Bsp. Logos, Schrifttypen oder Gestaltungselemente. Die genannten Faktoren zur „Erarbeitung eines integrierten Kundenbindungsmanagements" zeigen die Aussichten, die Betriebe durch den Einsatz von einzelnen Kundenbindungsinstrumenten erzielen können. Damit kann der Erfolg des Kundenbindungsmanagements dauerhaft gesteigert werden.[18]

Das Ziel des Kundenbindungsmanagements sollte es sein, die moderierenden unternehmensinternen Faktoren so anzufertigen, dass die auf den aktuellen Kundenstamm gerichteten Maßnahmen dazu beitragen, dass die Konsumenten die Geschäftsbeziehung auch in Zukunft aufrechterhalten bzw. sogar noch verstärken.[19]

---

[18] vgl. Bruhn, M. (2003): a.a.O., S. 139 – 142
[19] vgl. Bruhn, M./Homburg, Chr. (Hrsg.) (1998a): Handbuch Kundenbindungsmanagement: Grundlagen-Konzepte-Erfahrungen, Wiesbaden, S. 9

4. Servicequalitäten als Voraussetzung für mehr Kundenorientierung, Kundenzufriedenheit und Kundenbindung

Ein sehr wichtiger Ansatzpunkt zur Erhöhung der Kundenorientierung ist die Erbringung einer exzellenten Produkt- und Dienstleistungsqualität im Rahmen eines systematischen Qualitätsmanagementsystems. Unternehmen versuchen heute ihr Qualitätsmanagement auszubauen, da es immer wichtiger wird Konsumenten am Betrieb zu binden und sie mit ihrer Qualität, aber auch mit den angebotenen Service zufrieden zu stellen.[20] Einen wichtigen Beitrag zur Kundenorientierung können, neben der Produktqualität, auch „ausgezeichnete Serviceleistungen bzw. die Realisierung einer hohen Servicequalität" leisten.[21] Abbildung 1 verdeutlicht den Zusammenhang von Kundenorientierung und dem Service- und Qualitätsmanagement.

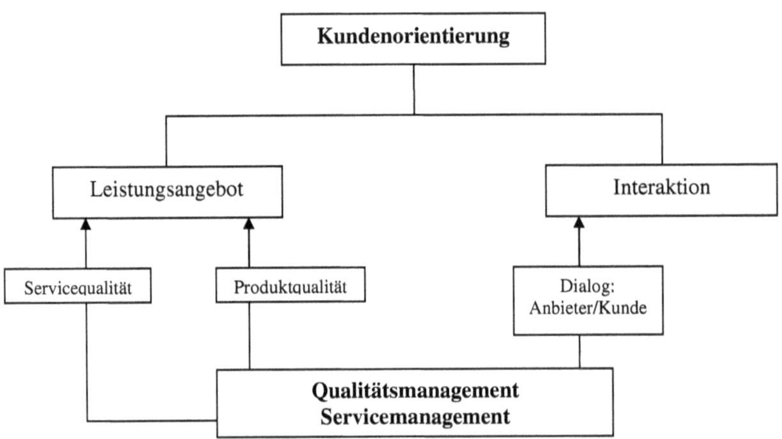

Abb. 1 weiterentwickelt nach Bruhn, M.: a.a.O., S. 26 und S. 72

Das Qualitätsmanagement wirkt primär auf das Leistungsangebot und das Servicemanagement setzt sowohl bei dem Leistungsangebot als auch auf die Interaktion an.[22]

---

[20] vgl. Bruhn, M. (2003): a.a.O., S. 25
[21] vgl. Bruhn, M. (2003): a.a.O., S. 71
[22] vgl. Bruhn, M. (2003): a.a.O., S. 26 und S. 72

Der Begriff Qualität wird sowohl produkt- als auch kundenbezogen definiert, wenn er als Ergebnis eines Leistungserstellungsprozesses verstanden wird. Der produktbezogene Qualitätsbegriff beschreibt Qualität als Ergebnis oder Niveau der schon bestehenden Eigenschaften von Produkten oder Dienstleistungen. Eine hohe Qualität ist gekennzeichnet durch „ein überlegenes Niveau von schon festgelegten Eigenschaften des eigenen Angebots". Der kundenbezogene Qualitätsbegriff richtet sich auf die „Wahrnehmung der Produkteigenschaften bzw. Leistungen aus Kundenperspektive". Die Wahrnehmung der vorhandenen Qualitätsmerkmale wird von den Konsumenten persönlich vernommen, bei der produktbezogenen Qualität sind es die sachlichen, messbaren Kriterien. Die Qualität steht im Mittelpunkt der beteiligten Marktteilnehmer: Kunden, Unternehmen und Wettbewerber („Magisches Dreieck"). Aus der Sicht der Wettbewerber ist das Ziel die Wünsche der Konsumenten besser zu erfüllen als die direkten Konkurrenten. Aus der Perspektive der Betriebe wird die Fähigkeit bzw. Bereitwilligkeit eines Unternehmens zur Sicherung des von den Kunden gewünschten Qualitätsniveaus bestimmt. Voraussetzungen der Anforderungen sind u.a.: „der Stellenwert des Faktors Qualität in der Unternehmens- und Marketingstrategie sowie die Leistungsfähigkeit und die Bereitschaft der Mitarbeiter, Qualitätsmanagement als dauerhaften Verbesserungsprozess zu betrachten.[23]

Bei dem Begriff Service gibt es keine einheitliche Begriffserklärung, sondern drei Auffassungen die eine Grundlage für eine Definition bilden. Die potentielle Definition sagt aus, dass Dienstleistungen erzeugte Fähigkeiten vom Anbieter sind, die besondere Leistungen beim Konsumenten hergeben. Die prozessorientierte Definition beinhaltet, dass Dienstleistungen als „der Bedarfsdeckung Dritter dienende Personen" verstanden werden. Es kommt zum Kontakt zwischen dem Dienstleister und dem Kunden. Die potentielle Definition sagt aus, dass nur der Erfolg dieses Prozesses als Dienstleistung oder Service angesehen werden kann.[24] Die Ziele des Servicemanagements sind u.a. die „Verbesserung der Qualitätswahrnehmung", die Erhöhung der

---

[23] vgl. Bruhn, M. (2003): a.a.O., S. 26 – 28
[24] vgl. Bruhn, M.(2003): a.a.O., S. 72 – 73

„psychologischen Kundenbindung", der Konsumenten- und Mitarbeiterzufriedenheit und die „Imageverbesserung durch Dienstleistungskompetenz". Sie lassen sich nur erzielen, wenn die Kundenerwartungen der erbrachten Serviceleistungen des Unternehmens erfüllt werden.[25] Es gibt drei Bestandteile der Servicequalität. Diese sind die Produkt bzw. die Dienstleistung, die Organisation und die Person. Nur wenn der Betrieb sich kundenorientiert auf alle Bestandteile konzentriert, kann eine ausgezeichnete Servicequalität erbracht werden. Sie ist das Resultat eines geradlinigen Managements und entsteht nicht zufällig. Um die Kundenbindung durch zufriedene Verbraucher zu steigern, muss ein Unternehmen die Kundenerwartungen kennen, Standards für die Mitarbeiter definieren, diese dann auch einhalten und Versprechungen erfüllen. Wichtig für den Betrieb ist auch die eigene Kundenzufriedenheit zu kennen, um die eigene Leistung bewerten zu können.[26]

Da Konsumenten immer größere Ansprüche im Bezug auf erworbene Dienstleistungen oder Produkte haben, müssen Unternehmen darauf achten, ein gutes Qualitäts- und Servicemanagement zu entwickeln und nach außen zu tragen, um die Kundenzufriedenheit zu steigern und eine möglichst hohe Kundenbindung zu erzielen.

5. Praxisbeispiel – CallCompany Telekommunikationsdienste GmbH[27]

Die 1998 gegründete CallCompany Telekommunikationsdienste GmbH (CallCompany) ist eine Consulting- und Vertiebsagentur für Telekommunikationsdienstleistungen im In- und Ausland. Sie vertreibt Produkte verschiedener Hersteller und organisiert den Kundenservice für diese Produkte. Beispielhaft sollen an dieser Stelle die Telefonkarten für Auslandsreisende und Geschäftsleute der BlueBell Telecom AG (Schweiz) genannt werden.

---

[25] vgl. Bruhn, M.(2003): a.a.O., S. 80
[26] vgl. Kenzelmann, P. (2003): a.a.O., S. 104 – 108
[27] Dieses Praxisbeispiel basiert auf ein 7-monatiges Praktikum von Doreen Grittner in der CallCompany GmbH und wurde mit dem Geschäftsführer, Herrn Karsten Reichel, abgestimmt

Kundenorientierung bedeutet für die CallCompany primär die Befriedigung der Kundenbedürfnisse bezüglich vom Kunden erwartenden Service, der Produkt- und Preisgestaltung. Die Firma orientiert sich an Konsumenten, die längere Auslandsaufenthalte planen oder viel im Ausland unterwegs sind. Darüber hinaus gibt es Produkte, die die Bedürfnisse von Kurzreisenden befriedigen. Somit wird eine breite Spanne der Zielgruppe abgedeckt. Die Käufer werden über die Vertriebspartner der CallCompany angesprochen. In Vorbereitung auf ihren Auslandsaufenthalt bekommen sie, in Form von Broschüren und Internetseiten, Produktinformationen.

Kundenservice wird in der CallCompany großgeschrieben und ist ein entscheidender Punkt der Unternehmensphilosophie, ebenso wie die innerbetriebliche Kommunikation. Das Ziel dieser internen Kommunikation ist es, die Unternehmenskultur zu stärken. Alle Mitarbeiter werden regelmäßig und intensiv über Neuigkeiten von Produkt- und Serviceänderungen informiert, um ständig ein konstant hohes Niveau zu halten und den Kundenservice zu optimieren. Wichtig zur Erreichung dieses Zieles ist die Gleichstellung der Mitarbeiter – es existiert eine flache Hierarchie. Jeder einzelne Mitarbeiter wird so geschult, dass er seine Arbeit konsequent durchführen kann und den Kunden durch seine kompetente Beratung voll und ganz zufrieden stellt.

Der Verbraucher hat die Möglichkeit 24 Stunden am Tag die Mitarbeiter der CallCompany zu erreichen, um seine Probleme, Fragen oder Wünsche konkret darzustellen. Diese werden dann schnellstmöglich erfüllt. Dadurch bekommt der Kunde einen persönlichen Service geboten und ihm wird ein Gefühl von Geborgenheit vermittelt, was dem Ziel einer hohen Kundenzufriedenheit nahe kommt.

Die Zufriedenheit und letztendlich auch die Kundenbindung soll dabei durch ein optimales Preis-/Leistungsverhältnis, eine hervorragende Qualität der Produkte, unkomplizierte vertragliche Regellungen in Bezug auf Anmeldung/Kündigung und einen umfangreichen Kundenservice erreicht werden. Dies wird deutlich bei den Kunden, die seit längeren Jahren die vertriebenen Produkte besitzen, sie aber nicht aktiv nutzen. Sie kontaktieren den Kundenserviceberater nach Monaten oder Jahren per E-Mail, Fax oder Telefon und fragen nach, ob ihre Dienste noch aktiv sind oder ob es neue

Produkte gibt. Dass inaktive Altkunden zu aktiven Nutzern werden, zeigt, dass der Kundenservice der CallCompany mit einem guten Preis-/Leistungsverhältnis in Verbindung steht. Die Firma bietet dem Käufer sogar verschiedene Zusatzdienstleistungen an, die gar nicht erwartet werden. Zum Beispiel rufen die Servicemitarbeiter bei Problemen oder Verlust der Telefonkarte im Aufenthaltsland des Kunden an, um ihm direkt weiterzuhelfen. Bei technischen Fragen, die nur indirekt mit der Produktnutzung in Verbindung stehen, helfen sie auch gern weiter und erzeugen beim Konsumenten ein besonderes Zufriedenheitsgefühl und dieser findet Begeisterung für die Dienstleistungen des CallCompany Kundenservices.

6.　Zusammenfassung

Es wurde gezeigt, dass es wichtig ist, die drei Komponenten des Marketingmanagements – Kundenorientierung, Kundenzufriedenheit und Kundenbindung – nicht zu unterschätzen. Ein Unternehmen muss viel Zeit und Geld für das Entwickeln und Halten einer angenehmen Unternehmenskultur investieren. Es sollte aber auch für sehr gute Schulungen eines jeden Mitarbeiters gesorgt werden, damit ein angenehmes innerbetriebliches Arbeitsklima geschaffen werden kann und dieses zum Bsp. in Form von einem hervorragenden Kundenservice auch nach außen hin sichtbar wird. Es sollten daraufhin die erworbenen Fähigkeiten des Personals mit den Bedürfnissen der Kunden verbunden werden, um eine Befriedigung der Kundenwünsche zu erlangen bzw. eine Kundenzufriedenheit herzustellen. Um eine Kundenbindung zu erreichen, sollte nicht nur der Kundenservice optimal sein, sondern auch das Preis-/Leistungsverhältnis und evtl. sollten auch Zusatzleistungen angeboten werden, damit der Verbraucher langfristig dem Betrieb treu bleibt.

Mehr zu diesem Thema finden Sie in „Wie man Kunden bindet. Zusammenhänge von Kundenorientierung, Kundenzufriedenheit und Kundenbindung" von Doreen Grittner, ISBN: 978-3-638-52393-6
http://www.grin.com/de/e-book/58110/

7.   Quellenangaben

Literaturverzeichnis

Bruhn, Manfred (1999): Kundenorientierung – Bausteine eines exzellenten Unternehmens, München; S. 10

Bruhn, M. (2002): Marketing. Grundlagen für Studium und Praxis, 6. Aufl., Wiesbaden; S. 14

Bruhn, M. (2003): Kundenorientierung – Bausteine für ein exzellentes CRM, Beck Wirtschaftsberater im dtv, 2. Auflage; S. 2 – 7, S. 10 – 12, S. 23 – 28, S. 71 – 73, S. 80, S. 103 – 107, S. 117 – 118, S. 123 – 142

Bruhn, Manfred/Homburg, Christian (Hrsg.) (1998a): Handbuch Kundenbindungsmanagement: Grundlagen – Konzepte - Erfahrungen, Wiesbaden; S. 9

Butscher, Stephan (1998): Kundenbindungsprogramme & Kundenclubs, Ettlingen, S. 49 ff

Diller, H. (1997): Was leisten Kundenclubs?, in: Marketing ZFP, Heft 1, 1. Quartal; S.33

Donnelly, Harrison (1994): Jumping into Database Marketing, in: Stores, December 1994, S. 37

Eckert, S. (1994): Rentabilitätssteigerung durch Kundenbindung am Bsp. eines Buchclubs, Diss., St. Gallen; S. 247

Holz, Stefan/Tomczak, Torsten (1996): Kundenclubs als Kundenbindungsinstrument-Hinweise zur Entwicklung erfolgreicher Clubkonzepte, St. Gallen, S. 9

Homburg, Ch. / Werner, H. (1998): Kundenorientierung mit System – mit Customer Orientation Management zu profitablen Wachstum, Campus Verlag; S. 21 – 27, S. 232 – 233

Homburg, Christian (2002): Kundenzufriedenheit. Konzepte - Methoden Erfahrungen, 4. Aufl., Wiesbaden; S. 85

Kenzelmann, Peter (2003): Kundenbindung – Kunden begeistern und nachhaltig binden; Pocket Business, Cornelsen Verlag Berlin; S. 9 – 11, S. 16 – 17, S. 20, S. 24 – 26, S. 104 – 108

Lingenfelder, M.; Schneider, W. (2/1991): Die Kundenzufriedenheit. Bedeutung, Messkonzept und empirische Befunde, in: Marketing ZFP; S. 109

Meffert, Heribert (1999): Marktorientierte Unternehmensführung im Wandel, Gabler Verlag; S. 249

Meffert, H./Wagner, H./Backhaus K. (1994): Beziehungsmarketing - neue Wege zur Kundenbindung; S. 1

Meyer, Anton/Oevermann, Dirk (1995): Kundenbindung, in: Diller, Hermann (1995): Handwörterbuch des Marketing, Stuttgart, S. 1344

Meyer, A./Oevermann, D. (1995): zit. nach Bruhn/Homburg, (1999): Handbuch Kundenbindungsmanagement; S. 8

Mohme, Joachim (1993): Der Einsatz von Kundenkarten im Einzelhandel, Frankfurt/Main; S. 22

Müller, Wolfgang/Riesenbeck, Hans Joachim (1991): Wie aus zufriedenen Kunden auch anhängliche Kunden werden, in: HARVARDmanager (1991), Nr. 3; S. 68

Oggenfuß, Ch. W.(6/1992): Retention Marketing, in: Thexis; S. 25

Peter, S.I. (1997): Kundenbindung als Marketingziel: Identifikation und Analyse zentraler Determinanten, Wiesbaden; S. 1 – 4

Poggenpohl, Marcus (1991): Kundenkarteninformationen als Instrument der Verbundanalyse im Einzelhandel, Arbeitspapier Nr. 40, Münster; S. 10

Reeg-Muller, A. (1999): Service Wegweiser Erfolgsstrategien zur Kundenbindung, Bonn; S. 7

Scharioth, J. (10/1991): Welche Qualität gewinnt?, in: asw, Sondernummer; S. 12

Schneider, Willy (2000): Kundenzufriedenheit – Strategie, Messung, Management, mi-Verlag; S. 9, S. 13 – 14, S. 17, S. 23 – 25 , S. 39

Schweiger, W. (1992): Der Monitor treibt die Marketing-Maschine, in: asw, Sondernummer 10; S. 138

Seidel, W./Stauss, B. (1995): Beschwerdemanagement Personalpolitische Konsequenzen für DLU, in: Qualität und Zuverlässigkeit: QZ; Qualitätsmanagement in Industrie und DL, Band 40, Heft 8; S. 915 ff

Tomczak, T; Müller, F.(6/1992): Kommunikation als zentraler Erfolgsfaktor der strategischen Markenfürhung, in: Thexis, S. 22

Vahlens Großes Marketinglexikon (2001) – Herausgegeben von Hermann Diller 2. Auflage, Verlag C.H.Beck /Verlag Vahlen; S. 870, S. 847

Wienke, Wolfgang/Koke, Dorothee (1994): Cards & Clubs: Der Kundenclub als Dialogmarketinginstrument, Düsseldorf, Wien, New York, Moskau; S. 28

Wilkie, William L. (1994): Consumer Behavior, 3. Auflage; S.11 ff

Internetverzeichnis

http://www.intares.net/webstatistik_kundenorientierung.html; 11.03.2005

http://www.intares.net/webstatistik/webstatistik_kundenbindung.html; 11.03.2005

http://www.mcgrip.de/0-web/wissen/beschaffungsmarketing/01-1-beschaffungsprobleme; 11.03.2005

http://adyton.phil.uni-erlangen.de/economics/bwl/lehrbuch/hstkap2/kuzufr/kuzufr.htm; 01.04.2005

http://www.cas.de/Produkte/genesisWorld/CRM_Trends.asp; 13.06.2005

http://de.wikipedia.org/wiki/Kundenzufriedenheit; 14.06.2005

http://handwerk.com/rubriken/management/marketing/kundentreue/marketing-loyality.htm; 18.07.2005